L'ORDRE

AVANT, PENDANT ET APRÈS

LES ÉLECTIONS,

PAR

M. ALEXANDRE WEILL.

Extrait de LA MODE, *Revue politique et littéraire.*

PARIS,

AU COMITÉ DE PROPAGANDE,

15, RUE MARSOLLIER.

1849.

L'ORDRE

Avant, pendant et après

LES ÉLECTIONS.

Il n'y a plus que deux partis, s'écrie-t-on de toutes parts, le parti du désordre et le parti de l'ordre. Tout le monde dépeindra facilement la couleur du parti du désordre, la critique est facile en fait de socialisme égalitaire, mais quand il s'agit de l'ordre, chacun se rengorge dans un demi-silence en ayant l'air de dire : *L'ordre, c'est moi !* mais gardez-vous bien de le répéter, il n'en est pas encore temps.

En effet, il faut convenir que le secret est bien gardé. On a beau feuilleter les journaux de l'ordre républicain, bonapartiste, régentiste ; on a beau lire et relire les circulaires soi-disant religieuses ; nulle part on ne trouve trace d'un principe d'ordre largement accusé. Partout il est dit hautement ce que l'on ne veut pas ; mais quand il

s'agit de définir ce que l'on veut, quand il s'agit d'énoncer le principe en vertu duquel on compte rétablir l'ordre, la main tremble, l'encre pâlit et la parole flotte entre des demi-teintes et des nuances. On dirait un rêve dont on n'a qu'un vague souvenir, et qu'on ne peut définir. On dirait des hommes sous l'influence du haschich révolutionnaire, qui les empêche d'arriver nettement, franchement, grandement aux principes simples, mais immuables, de l'ordre.

Qu'on le sache donc. Il n'y a qu'un seul ordre. Le désordre a mille faces et mille aspects, comme ie mensonge a mille couleurs et mille versions ; mais la vérité est une et indivisible ; mais l'ordre est un principe entier qui ne supporte aucune division, qui n'est soumis à aucune influence locale, qui n'a qu'une loi et qu'une foi.

Il n'y a point d'accommodement possible avec le principe de l'ordre. Tout ce qui n'est pas *lui* rentre dans le domaine du désordre.

Comme l'amour, l'ordre ne partage pas ses affections entre l'épouse et la concubine. Il faut lui appartenir tout entier ou se ranger dans les cohortes multicolores du désordre. Sa devise est : TOUT OU RIEN.

Il y a dans l'histoire des Stoïciens, des Epicuriens, des Voltairiens, des Hégéliens, etc.; il y a des sectes d'erreurs de toutes sortes de noms et de couleurs ; mais il n'y a point d'Euclidiens, ni de Newtoniens, ni de Fultoniens, parce que la vérité mathématique n'admet ni partis ni sectes.

Il en est de même de l'ordre. *Il est, ou il n'est pas.* C'est ou une vérité entière ou un mensonge complet.

Il n'y a point de milieu. La terre tourne ou ne tourne pas. Mais elle ne tourne pas à demi.

Essayons de définir l'ordre. Nous ne dirons rien de neuf. Nous n'inventons rien. Nous expliquons seulement l'ordre politique tel que les peuples et l'histoire l'ont institué d'après les lois éternelles de la nature.

Les hommes sont nés inégaux. Toute la nature est inégale. Il y a des lois générales pour tous les êtres vivants, y compris les plantes; — l'électricité est une de ces lois; — mais dans leurs individualités toutes les existences terrestres sont inégales en qualités, beauté, force et esprit.

C'est sur cette inégalité que repose l'harmonie de la nature et de la société. C'est sur des contrastes inégaux que reposent la beauté, la santé, la vie et l'esprit.

On a de la peine à croire qu'il puisse y avoir des êtres intelligents, proclamant l'égalité absolue des hommes. C'est comme si un jardinier décrétait l'égalité des fleurs, c'est-à-dire l'abolition de toutes les fleurs à l'exception d'une seule.

C'est comme si l'on voulait rétablir le lit de Procuste pour raccourcir les grands, — car je suppose que jamais personne n'a pu rallonger les petits.

Cette inégalité existe toujours dans la nature, n'importe le degré de richesse, de beauté et d'intelligence de la société.

On aura beau donner de l'instruction à tout le monde, il y aura toujours dans la société la même proportion entre le talent et la médiocrité, entre la sagesse et la sottise.

Supposez même que le sot soit moins sot, — ce qui n'est guère admissible, — vu que le sot lettré n'en est que plus sot, — l'homme intelligent en sera alors d'autant plus intelligent. La proportion reste la même. Il y aura toujours des hommes petits et grands, des femmes belles et d'autres qui le seront moins; enfin il y aura toujours une immense majorité d'hommes médiocres mais honnêtes, auxquels Dieu a donné juste autant de talent qu'il en faut pour se livrer à des travaux manuels, tandis qu'il ne départit le génie, l'esprit et la beauté qu'à un plus petit nombre.

Le progrès ne consiste pas dans le changement de la nature humaine, mais dans les moyens que donnera la société à l'homme d'ordre et de talent, — car le vrai talent c'est l'esprit d'ordre — de s'élever continuellement vers Dieu, soit par le travail, soit par la fortune, soit par la gloire.

Si brillant que soit le sort d'une certaine classe de travailleurs, l'homme de vrai talent s'élèvera toujours plus haut dans la même classe que le travailleur ordinaire.

Le progrès n'est donc que du plus au moins.

L'harmonie, l'ordre reposent partout sur l'INÉGALITÉ, véritable clé de voûte de toute société, de toute beauté, de tout plaisir, de toute la vie enfin.

Le progrès est donc, de prime-abord, le contraire de tout ce que les révolutionnaires violents ont prêché depuis soixante ans. Il tend continuellement à élever le petit, à enrichir le pauvre, à embellir le laid, à donner de la science à l'ignorant; mais il n'arrivera jamais à l'*Égalité*. L'égalité révolutionnaire tend, au contraire, à rapetisser le grand, à appauvrir le riche, à enlaidir le beau, à hébéter l'homme d'esprit.

L'*égalité*, en effet, c'est le néant et le chaos. C'est la guerre des médiocrités impuissantes contre le talent, des paresseux pauvres contre les riches, des faibles contre les forts, des laids contre les beaux.

Cette loi primordiale d'Inégalité inhérente à la nature a été instituée ou plutôt imitée par la PROPRIÉTÉ.

La propriété, en effet, est le symbole de l'inégalité de force, d'esprit, d'ordre, de talent et de beauté.

C'est le point de mire de toutes les rivalités stimulées par l'inégalité.

Elle a de plus un immense avantage sur les autres inégalités, innées et indépendantes de la volonté de l'homme, en ce sens qu'*ellè peut étre acquise.*

Il est vrai que cette acquisition dépend de ces mêmes inégalités, mais la *propriété* n'en est pas moins *la seule et unique création de l'homme.*

Création à l'image de Dieu, car elle est basée sur l'*inégalité*, qui est la loi fondamentale de la nature.

Pour instituer, pour consolider la propriété, les hommes, toujours en suivant Dieu, l'ont déclarée héréditaire, *car l'hérédité est encore une loi divine manifestée dans la nature.*

La plante hérite des qualités de sa mère, l'animal hérite de la force de ses procréateurs; l'homme, enfin, qui n'est supérieur à l'animal que par la religion, hérite non-seulement des qualités physiques, mais encore des bonnes et des mauvaises actions de ses parents. Tel fils expie les crimes de son père ; tel autre en récolte la bénédiction des vertus.

L'hérédité de la fortune est donc une conséquence logique et forcée. Elle est un des premiers éléments qui constituent non seulement la famille, mais la religion, mais la loi éternelle d'inégalité, de rémunération et d'expiation.

C'est la permanence de l'action providentielle qui se transmet de père en fils. C'est la seule preuve palpable qui existe légalement de la solidarité morale entre les parents et les enfants, de la supériorité de l'homme sur l'animal, et du lien indissoluble qui relie l'homme à Dieu, son créateur et son juge souverain.

Sans elle il n'y a point d'enfants, il n'y a que des petits.

Sans elle, il n'y a plus ni père ni mère, il n'y a que mâle et femelle.

Sans elle enfin, il n'y a plus de Dieu, il n'y a que le hasard.

Or, cette hérédité une fois *trouvée*, — car la vérité n'est pas inventée, elle est trouvée, — les hommes, toujours poussés par la logique, qui est le verbe divin, ont institué l'HÉRÉDITÉ DU POUVOIR, comme PIVOT D'INÉGALITÉ à l'hérédité de la fortune, afin de lui servir en même temps de bouclier et de glaive.

Cette institution, loin d'être fortuite, a été nécessaire, forcée, indispensable. Elle le sera aussi longtemps que la société existante reconnaîtra une loi morale et divine.

L'humanité n'est pas arrivée à l'hérédité du pouvoir par caprice, mais poussée par la force des choses, c'est-à-dire par la loi éternelle de Dieu.

Car, dès qu'elle s'en est éloignée, le sol a tremblé sous ses pas, les mœurs se sont corrompues, la morale a disparu, et les peuples sont tombés dans la guerre civile, dans l'anarchie, dans le chaos et dans le néant.

L'anarchie, en effet, ne vient jamais d'en bas. Elle descend toujours d'en haut. Elle n'a jamais surgi dans un pays que par l'ébranlement et l'instabilité du pouvoir.

C'est pourquoi les nations ont toutes fini par l'institution du pouvoir héréditaire, même celles qui ont essayé un pouvoir électif. Cela n'a été nulle part qu'une question de temps ; le résultat final a partout été le même.

Partout le pouvoir héréditaire, même absolu, a été reconnu comme un moindre mal que celui du pouvoir électif. Une fois établi, les efforts de l'homme n'ont tendu que vers le but de liberté pour en tirer tous les fruits possibles. *Le principe d'ordre était acquis,* il ne s'agissait que des différents moyens pour le cultiver, afin d'en tirer toutes les prospérités de la liberté.

La liberté, en effet, n'est que le résultat de l'ordre, proportionnée à la force de l'homme qui l'exploite, comme le fruit est le résultat du travail de l'homme qui cultive un terrain.

Avont tout, il faut le terrain.

Avant tout, il faut le principe d'ordre.

L'hérédité du pouvoir n'est pas une *invention*, mais une *révélation*.

La loi de l'inégalité naturelle, en même temps la loi de l'émulation, de l'harmonie et du progrès, forcée de décréter l'inégalité et partant l'hérédité de la propriété, s'est posée nécessairement *un pivot d'inégalité* par l'hérédité du pouvoir.

Ce pivot ôté, l'édifice perdant sa clé de voute, tout est mis en suspens, tout est mis en danger.

Dès que le pouvoir est décerné par l'égalité, dès que la base de l'inégalité est détruite, il n'y a plus légalement ni propriété, ni famille, ni morale, ni esprit, ni beauté, ni force, ni progrès, ni société.

Car par l'inégalité, les hommes s'élèvent de bas en haut.

Par l'égalité, au contraire, le haut est forcément mis au niveau du bas.

L'égalité n'est possible dans ce monde qu'autant que le dernier homme de génie sera mis au niveau du dernier des crétins.

Le crétin, au contraire, ne peut monter qu'en passant par différents échelons d'inégalité.

La société est un cordon de perles où tout se tient par un nœud. Famille, propriété, morale, mœurs, discipline, religion, ce sont autant de joyaux retenus par le nœud qui s'appelle : *hérédité du pouvoir*. Qu'on relâche ou

qu'on coupe ce nœud, et les grains tombent l'un après l'autre.

Après *l'hérédité*, le principe d'ordre est trouvé et scellé.

Cet ordre, même sans liberté, est préférable à l'anarchie, que des sophistes et des ignorants appellent faussement la liberté.

Le seul et unique danger de ce principe est d'être mal cultivé. C'est le danger de tout ce qui existe. Le terrain le plus gras abandonné à lui-même produit de mauvaises herbes. Mal exploité, il dépérit.

Il s'agissait de trouver un moyen pour pouvoir changer d'exploiteurs sans renverser le principe.

Ce moyen a été trouvé dans l'élection populaire, non pour régner, mais pour gouverner. Si restreint qu'il fût dans le passé, il a produit de bons résultats. Aujourd'hui, grâce au suffrage universel, seul progrès de notre époque, tout gouvernement médiocre, impuissant ou rétrograde, fonctionnant en vertu de l'hérédité, peut être changé et renversé sans qu'il entraîne avec lui le principe de salut même.

Il n'en est pas de même d'un principe non héréditaire. Du moment que tout le monde peut aspirer au pouvoir, du moment que le pouvoir est égal devant tous les ambitieux, devant toutes les médiocrités violentes et remuantes, il sera tôt ou tard abaissé, renversé et mis au niveau du dernier des rois de la populace.

Une fois le pouvoir tombé en communisme, la famille et la propriété le suivront de près, partout et toujours.

Et si par hasard, dans la guerre civile qui éclate à l'instant, les propriétaires sont les plus forts, ils ne le seront que grâce au principe de meurtre et de violence, principe qui forcément amène le despotisme du premier venu, du plus fort.

Ou bien le parti le plus fort forme une nouvelle hérédité à coté de celle que le peuple a proclamée quelques siècles avant.

Dans ce cas, au lieu de sauver le principe d'ordre et la propriété, on ne fait que les compromettre de nouveau par le vol, la spoliation et l'usurpation.

En effet, l'hérédité une fois proclamée, n'ayant été instituée que dans le but de garantir la propriété, doit être chose sacrée et inviolable aussi longtemps qu'il y a un héritier. Instituer une nouvelle hérédité, c'est voler et crier en même temps : Vive la propriété !

Quand le pouvoir est basé sur la spoliation et sur l'injustice, rien n'est sacré dans la société. Vouloir garantir la propriété en l'ôtant au propriétaire légitime pour la décerner à un autre, autant vaut l'abolir légalement et la faire décerner par l'élection.

Donc, l'hérédité seule, mais l'hérédité légitime, représente le principe de l'ordre et de la propriété.

Seul le suffrage universel représente le moyen de féconder ce principe et d'en tirer toutes les libertés, toutes les améliorations sociales sans exception, tous les éléments de progrès et de prospérité nationale.

Avec l'hérédité, plus de révolutions !

Avec le suffrage universel, plus de partis ni de coterie !

Avec l'hérédité, l'ordre et la propriété sont garantis à tout jamais.

Avec le suffrage universel disparaissent forcément de la tête du gouvernement tous les ambitieux impuissants, tous les parasites, tous les hommes de violence et de réaction.

L'hérédité amène le principe,

Le suffrage universel amène les hommes...

Donc : *l'hérédité, voilà l'ordre ! il n'y en a point d'autre,*

Le suffrage universel, voilà la liberté. C'est la seule illimitée.

Ma pensée, pâle et faible reflet des grands penseurs de l'histoire, mes maîtres et conseillers, n'existera plus ; mon âme prisonnière sera délivrée par le baiser de Dieu, qu'on appelle injustement la mort ; d'autres hommes plus forts, plus justes, plus instruits et surtout plus vertueux que moi, scruteront le principe de l'ordre politique et social.

Mais quels qu'ils soient, pourvu qu'ils soient sincères, après avoir comme moi erré, tâtonné, réfléchi, étudié, observé et jugé, ils finiront, j'en suis sûr, par s'écrier :

L'hérédité du pouvoir, voilà l'ordre.

Il n'y en a point d'autre !

IMPRIMERIE DE BRIÈRE, RUE SAINTE-ANNE, 55.

LA MODE,

La Revue la plus considérable de l'Europe,

POLITIQUE, LITTÉRATURE, ARTS, etc., etc.

20me ANNÉE.

Paraissant tous les dix jours, en 64 ou 80 pages
grand in-8°.

DESSINS, GRAVURES DE MODES, CARICATURES,
ETC., ETC.

Prix : trois mois, 14 fr.; six mois, 26 fr.; un an, 52 fr.

PARIS, 25, RUE DU HELDER.